COLLECTION DE M. MAURICE L...

Tableaux

Modernes

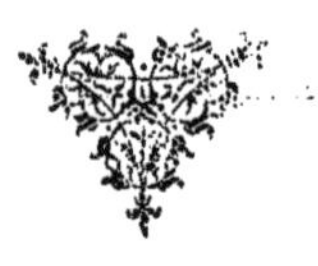

Chevallier

PARIS — 1899

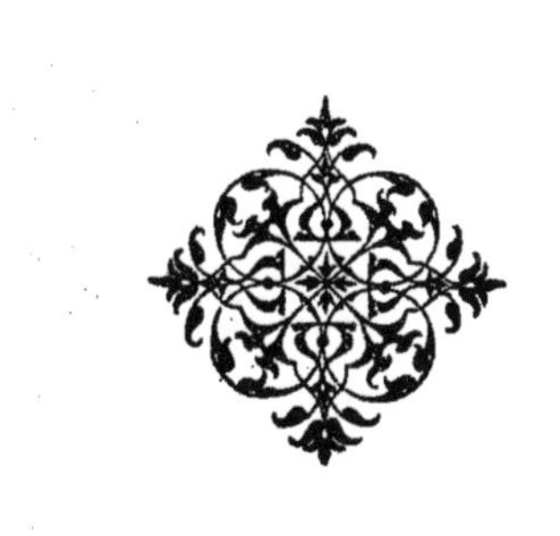

Collection de M. Maurice L...

TABLEAUX MODERNES

CATALOGUE

DE

TABLEAUX MODERNES

COMPOSANT LA

COLLECTION DE M. MAURICE L...

Et dont la vente aura lieu :

HOTEL DROUOT, Salle n° 11

Le Samedi 22 Avril 1899

A QUATRE HEURES 1/2

COMMISSAIRE-PRISEUR
Me PAUL CHEVALLIER
10, rue Grange-Batelière, 10

EXPERT
MM. BERNHEIM JEUNE
8, rue Laffitte et av. de l'Opéra, 16

EXPOSITIONS :

PARTICULIÈRE
Le Vendredi 21 Avril 1899
de 1 heure 1/2 à 5 heures 1/2.

PUBLIQUE
Le Samedi 22 Avril 1899
JOUR DE LA VENTE
De 1 heure 1/2 à 5 heures 1/2.

CONDITIONS DE LA VENTE

Elle sera faite au comptant.

Les Acquéreurs paieront **cinq pour cent** en sus des prix d'adjudication.

TABLEAUX

DÉSIGNATION

AUBLET

1 — *Jeune femme assise.*

Signé en bas, à gauche : *Aublet.*

Toile. Haut., 20 cent.; larg., 32 cent.

Vente Aublet 1893.

BOULANGER

2 — *Femmes algériennes au bain.*

Signé en bas, à droite : *G. Boulanger.*

Toile. Haut., 20 cent.; larg., 12 cent.

BROWN

(J.-L.)

3 — *Cavaliers.*

Signé du monogramme : *J. L. B.*

Bois. Haut., 8 cent.; larg., 11 cent.

BROWN

(J.-L.)

4 — *La Chasse.*

Signé en bas, à gauche : *John-Levis Brown.*

Toile. Haut., 27 cent.; larg., 40 cent.

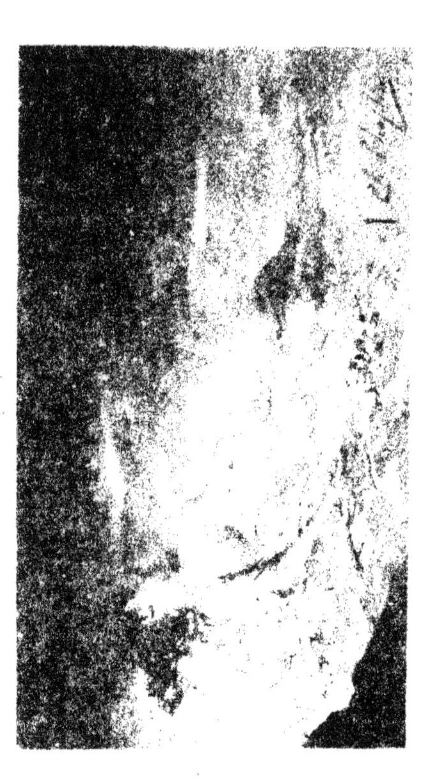

BROWN

[illegible]

[illegible]

[illegible]

[illegible]

Ch Chaplin

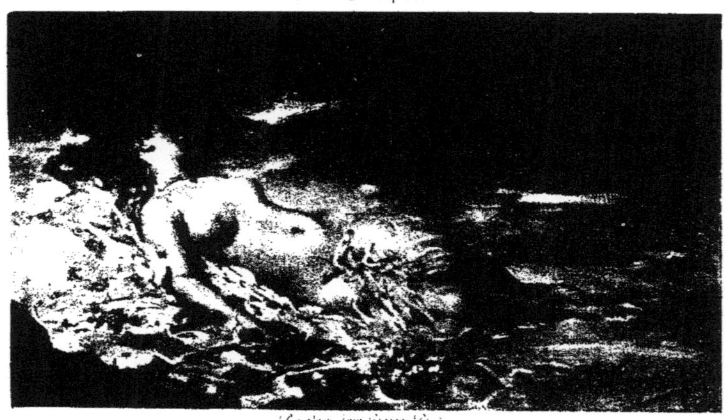

Dans les Roses

CHAPLIN

(CH.)

5000 5 — *Dans les rêves.*

Une jeune femme nue est étendue sur un lit formé de voiles légers Elle a les cheveux dénoués et est gracieusement allongée, les jambes repliées dans une pose alanguie. Les formes exquises de son joli corps sont légèrement estompées par des gazes transparentes. Une guirlande de roses et un masque sont à ses côtés.

La fraîcheur délicate des chairs et l'éclat nacré des formes, aux couleurs harmonieuses, font de ce petit tableau une des œuvres les plus remarquables du maître, tant par la finesse du dessin que par la grâce du sujet.

Signé à droite : *Ch. Chaplin.*

Toile. Haut., 24 cent ; larg., 41 cent.

Vente Koning (1893).

COROT

(C.)

6 — *Vue du Mont de Marsan.*

Les rayons du soleil éclairent vivement les nuages qui se reflètent dans une petite rivière.

A droite, un pêcheur amarre une barque. A gauche, des laveuses.

Au fond, à droite, quelques maisons blanches se détachent vigoureusement sur le fond d'une forêt.

Signé en bas, à gauche : *Corot.*

Toile. Haut., 40 cent.; larg., 60 cent.

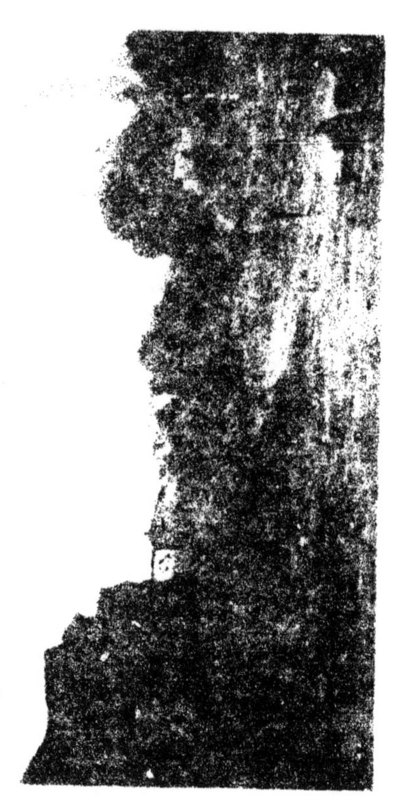

COROT

6 — [illegible]

[illegible]

C. Corot

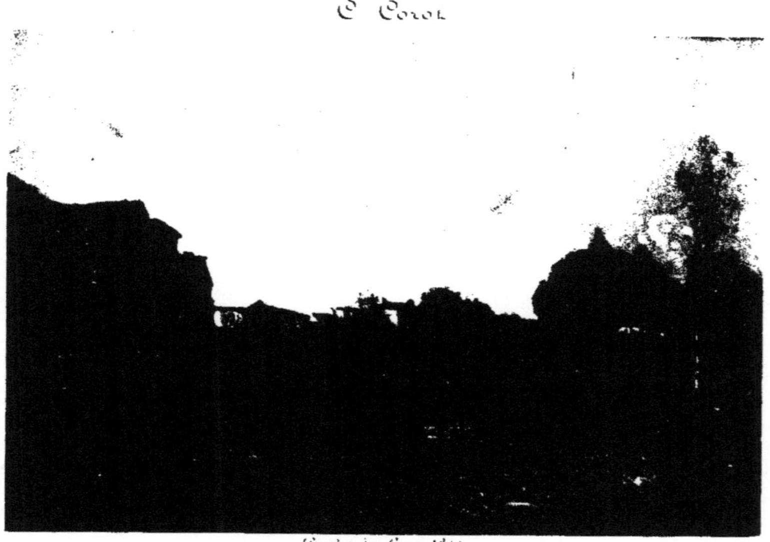

Procédé Jean Georges Petit

Vue du Mont-Marsan

C. Corot

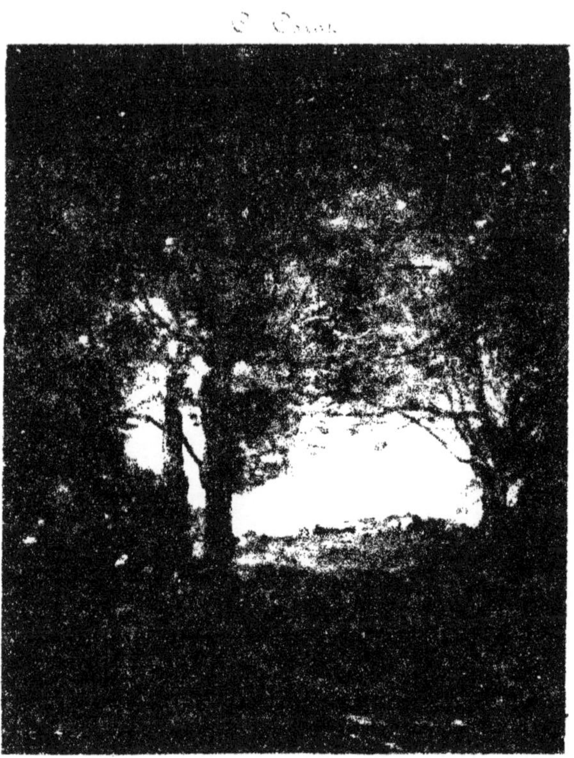

C. Corot

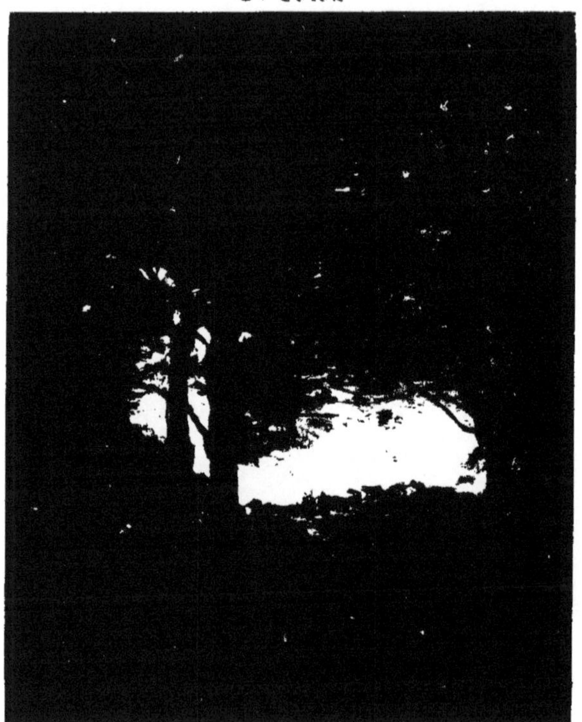

Procédé et Imp. Georges Petit

Quiétude

COROT

(C.)

7 — *Quiétude.*

De grands arbres dont les branches s'entremêlent, forment un feuillage touffu, sous lequel l'ombre est légère.

A gauche, une femme, coiffée d'une capeline rouge, retourne à son logis.

Dans le fond, sur un petit coteau, un village dont les maisons blanches éclairent en notes joyeuses l'horizon.

Le ciel est d'une grande pureté; c'est l'heure indécise où le jour va finir.

Joli tableau d'une tendre harmonie.

Signé à gauche : *Corot.*

Toile. Haut., 43 cent.; larg., 34 cent.

Vente Koning 1893.

COURBET

(G.)

8 — *Lassitude.*

Une jeune femme est paresseusement étendue sur un divan. Sa tête repose sur son bras gauche, qui est à demi ployé.

Signé en bas, à droite : *Gustave Courbet.*

Toile. Haut., 76 cent. ; larg., 92 cent.

DELACROIX

(EUG.)

9 — *Jane Shore dans les rues de Londres.*

Elle est vêtue de blanc ; autour d'elle différents hommes d'armes.

Signé en bas, à gauche : *E. Delacroix.*

Panneau. Haut., 27 cent. ; larg., 20 cent.

DETAILLE

(ÉD.)

10 — *Grenadier au port d'armes.*

Il est debout, de profil à gauche, en tenue de campagne.

Signé en bas, à droite : *Ed. Detaille. Saint-Germain-en-Laye.*

Panneau. Haut., 28 cent. ; larg., 9 cent.

DIAZ

(N.)

11 — *Mélancolie.*

Une nymphe, à demi nue, est assise, attristée, dans la forêt ; à ses pieds, quelques fleurs. La nuit approche et les dernières lueurs du jour éclairent et font valoir les tons harmonieux du vêtement bleu qui recouvre à demi la jeune femme.

Signé à droite : *N. Diaz. 56.*

Bois. Haut., 28 cent. ; larg., 21 cent.

Vente Koning (1893).

DUPRÉ

(JULES)

12 — *Marine.*

La mer est blanche d'écume. Dans le fond, prêt à se confondre avec l'horizon, un voilier gagne la haute mer.

Signé à droite : *J. Dupré.*

Toile. Haut., 30 cent. ; larg., 40 cent.

Vente Koning (1893).

HARPIGNIES

13 — *Laveuses au bord d'une mare.*

Signé en bas, à gauche : *Harpignies.*

Toile. Haut., 17 cent.; larg., 20 cent.

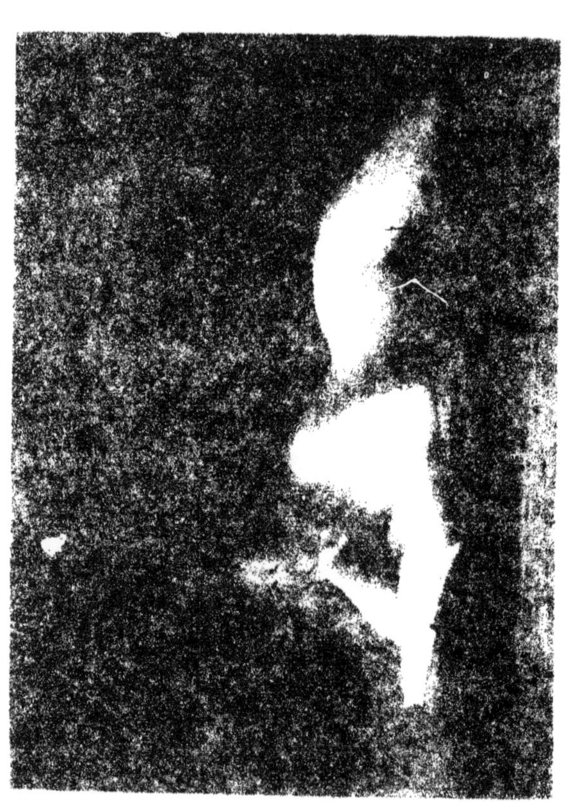

[illegible]

[illegible]

12 — *[illegible]*

[illegible]

[illegible]

[illegible] — *[illegible]*

[illegible]

J J Henner

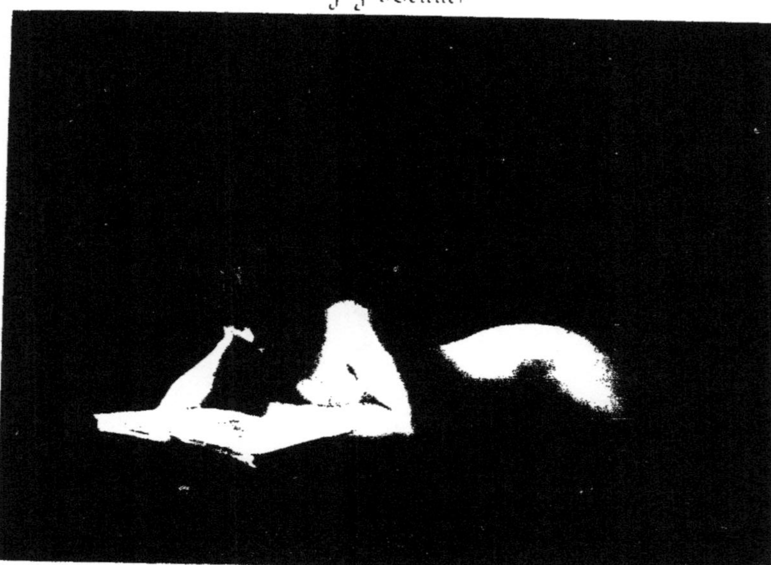

La Madeleine

HENNER

(J.-J.)

11000 **14 — *La Madeleine.***

Elle est étendue et ses cheveux dénoués enveloppent son visage attristé.

Son bras droit est accoudé et supporte sa tête pensive.

Elle lit attentivement un livre de prières ouvert devant elle.

Tableau de la plus belle qualité du maître.

Signé en bas, à gauche : *J.-J. Henner.*

Toile. Haut., 71 cent.; larg., 95 cent.

HENNER

(J.-J.)

1801 **15** — *Tête de femme.*

Elle est vue de profil à droite. Un fichu rouge couvre sa tête. Elle est vêtue d'une veste brune.

Signé en bas, à gauche.

Toile. Haut., 30 cent.; larg., 20 cent.

HENNER

(J.-J.)

16 — *Nymphe près d'un puits.*

Elle est vue debout, de trois quarts à gauche, une main appuyée sur la margelle du puits.

Signé en bas, à droite : *J.-J. Henner.*

Toile. Haut., 40 cent.; larg., 27 cent.

LIPHAERT

17 — *Femme au chien.*

Signé en bas, à droite : *Liphaert.*

Bois. Haut., 40 cent.; larg., 25 cent.

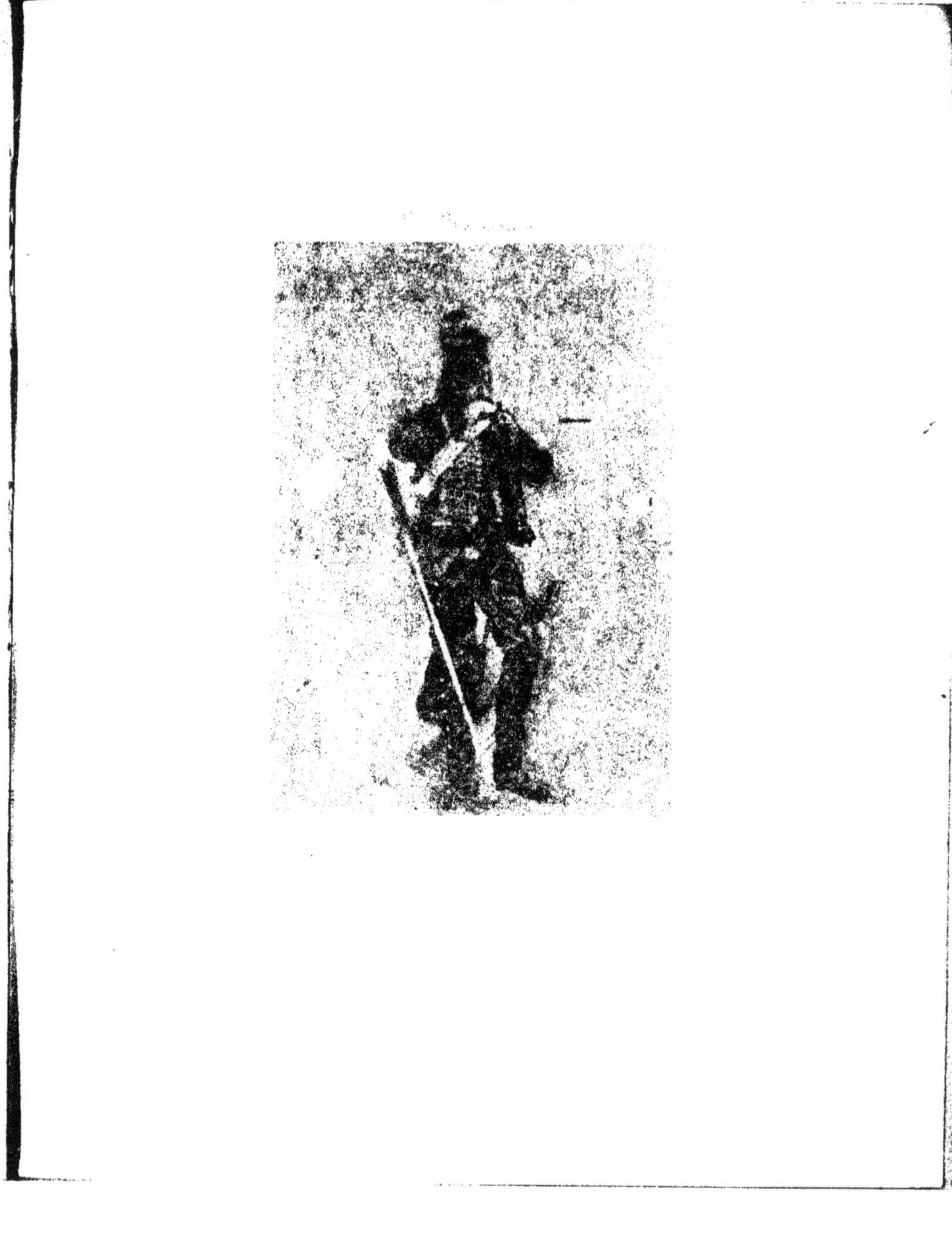

HENNER

15 — *Tête de femme.*

Elle est vue de profil à droite. Un fichu rouge couvre sa tête. Elle est vêtue d'une veste brune.

Signé en bas, à gauche.

[illegible]

HENNER

[illegible]

16 — *Nymphe [illegible]*

[illegible]

[illegible]

[illegible]

17 — *Femme au chien.*

[illegible]

[illegible]

E. Meissonier

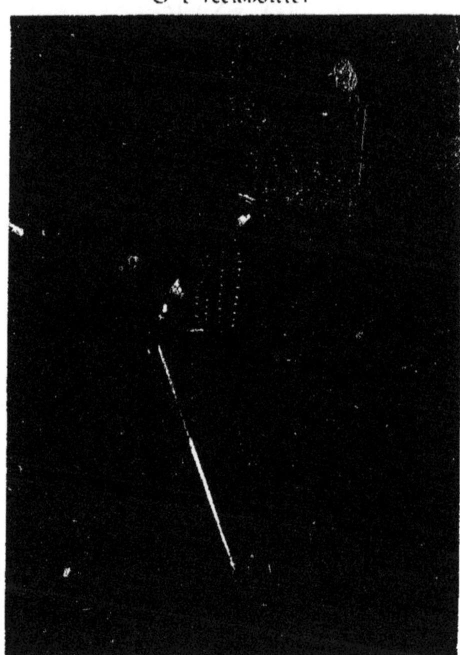

Procédé et Imp. Georges Petit.

Un Hussard

MEISSONIER

(E.)

18 — *Un Hussard.*

Un hussard de la République vient de s'arrêter pour allumer sa pipe. Il est prêt à monter à cheval, portant son équipement complet, sabre, mousqueton et sabretache. Tout, dans ce beau petit tableau, est minutieusement observé et merveilleusement traité. Son dolman à brandebourgs blancs, entr'ouvert, laisse apercevoir une ceinture rouge, dont les tons vifs font ressortir les couleurs sombres de l'uniforme vert.

Signé à gauche du monogramme : *E. M.*

Bois. Haut., 14 cent. ; larg., 10 cent.

Vente Koning (1893).

MEISSONIER

(E.)

19 — *Officier d'ordonnance.*

Officier d'ordonnance, vu presque de dos et à gauche, sur un cheval lancé au galop.

Étude pour le *1807*.

Signé en bas, à gauche, du monogramme : *E. M.*

Bois. Haut., 17 1/2 cent. ; larg., 18 cent.

Vente Meissonier (1893).

MEISSONIER

(E.)

20 — *Cavalier Louis XIII.*

Debout, botté, le corps pris dans son vêtement de buffle, coiffé d'un feutre aux bords relevés, le cavalier, vu de profil à gauche, s'appuie de l'épaule droite contre le mur et se distrait en essayant la souplesse d'une badine.

Signé en bas, à droite, du monogramme : *E. M.*

Bois. Haut., 20 cent. ; larg., 11 cent.

Vente Meisonnier (1893).

MEISSONIER

(E.)

21 — *Gentilhomme Louis XIII.*

Drapé dans son manteau à la Balagny, relevé sur la poignée de l'épée et découvrant la culotte rouge, le gentilhomme, vu de profil, semble enfoncé dans ses réflexions : il croise le bras gauche sous le droit, dont la main relevée s'appuie au menton ; il est coiffé d'un large feutre à plumes.

Signé en bas, à droite, du monogramme : *E. M.*

Bois. Haut., 23 cent.; larg., 12 cent.

Vente Meissonier (1893).

MEISSONIER

(E.)

22 — *Tête et poitrail de cheval bai.*

Signé en bas, à gauche, du monogramme : *E. M.*

Bois. Haut., 10 cent.; larg., 8 cent.

Vente Meissonier (1893).

DE NEUVILLE

(A.)

23 — *Cheval blanc.*

Signé en bas, à droite : *A. de Neuville.*

Bois. Haut., 27 cent.; larg., 19 cent.

PELOUSE

(G.)

24 — *Prairie et étang.*

Signé en bas, à gauche.

Toile. Haut., 40 cent.; larg., 50 cent.

RIBOT

(T.)

25 — *Intérieur de cuisine.*

Signé en bas, à gauche : *T. Ribot.*

ROYBET

(F.)

26 — *Seigneur Louis XIII.*

Il est vu de face; vêtu d'un mantelet, d'un haut de chausse gris. Il porte un pourpoint couleur de buffle et tient son feutre de la main droite.

Signé en bas, à gauche : *F. Roybet.*

Bois. Haut., 35 cent.; larg., 25 cent.

VALIN

27 — *Jeune femme couchée.*

Toile ovale.

VOLLON

(A.)

28 — *Le casque du roi Henri II.*

Sur une table, l'épée, le heaume et le casque du roi Henri II.

Cette armure, richement damasquinée d'or, est rendue dans ce tableau avec une puissance de détails et une intensité de reliefs qui donnent à cette œuvre une allure vraiment admirable.

Signé à gauche : *A. Vollon.*

Toile. Haut., 68 cent.; larg., 51 cent.

Vente A. Dumas (1892).

VOLLON

(A.)

29 — *Nature morte.*

Un vase en grès, une casserole, des pommes et divers autres objets sont posés sur une table.

Signé en bas, à droite : *A. Vollon.*

Toile. Haut., 70 cent.; larg., 85 cent.

ZIEM

30 — *Vue du Grand Canal, à Venise.*

Quelques embarcations glissent avec légèreté sur les eaux bleues du Grand Canal. A droite, des bateaux sont amarrés. A gauche, le palais des doges et la place Saint-Marc.

Œuvre de la plus belle qualité du maître.

Signé en bas, à droite : *Ziem.*

Toile. Haut., 76 cent. ; larg., 1 m. 15 cent.

PASTELS

AQUARELLES ET DESSINS

CARRIER-BELLEUSE

(P.)

31 — *Danseuse.*

Pastel.
Signé en bas, à gauche : *Pierre Carrier-Belleuse.*

CLAIRIN

32 — *Venise. L'embarcadère devant le palais des Doges.*

Aquarelle.

DANNAT

(W.-T.)

33 — *Danseuse espagnole.*

Pastel.

Exposition des Pastellistes (1893).

DETAILLE

(ÉD.)

34 — *Représentant du peuple aux armées, sous la Convention.*

Très beau dessin relevé d'aquarelle et de gouache.
Signé en bas, à gauche : *Édouard Detaille, 83.*

FORAIN

(J.-L.)

35 — *Pourquoi ?*

— Comme c'est ; il y avait douze ans que nous ne nous étions vus, avec votre mari, il m'a reconnue de suite.

Dessin et crayon bleu.

(*Vente Forain 1893*).

FORAIN

(J.-L.)

36 — *La Dépêche.*

—Y a, y a qu'il faut que tu remontes au sixième ; ma femme revient demain avec les enfants.

Dessin rehaussé d'aquarelle.

(*Vente Forain 1893*).

4

FORAIN

(J.-L.)

37 — *Cœurs simples.*

— Tu sais donc c'que c'est qu'un treplein?
— J'vous écoute, maman est aux Français..... ouvreuse.

Dessin et aquarelle.

Vente Forain (1893).

ISABEY

(EUGÈNE)

38 — *Un baptême.*

Très belle aquarelle.
Signée à droite : *E. Isabey, 78.*

Vente Koning (1893).

LEMAIRE

(MADELEINE)

39 — *Nature morte.*

Sur une table, une potiche de Delft et une orange.

Aquarelle.

Signée en bas, à gauche : *Madeleine Lemaire.*

LEMAIRE

(MADELEINE)

40 — *Après le bal.*

Quelques objets sont jetés pêle-mêle sur une table de toilette.

Aquarelle.

Signée en bas, à gauche : *Madeleine Lemaire.*

MEISSONIER

(E.)

41 — *Napoléon Ier*.

En selle, sur un cheval blanc, presque de profil à gauche, l'empereur est vêtu d'un habit vert, d'un gilet et d'une culotte blancs, de bottes molles. Il porte le grand cordon de la Légion d'honneur.

Sur sa tête, vu de trois quarts à gauche, le bicorne à cocarde tricolore. Le bras gauche pend naturellement et s'appuie au tapis de selle, le petit doigt s'écartant pour toucher le fourreau de l'épée.

Aquarelle sur papier bleuté.

Signée en bas, à droite, du monogramme : *E. M.*

Haut., 25 cent. ; larg., 19 cent.

Vente Meissonier (1893).

MEISSONIER

(E.)

42 — *L'ancienne morgue.*

Aquarelle.

Haut., 19 cent. ; larg., 25 cent.

YMER

(E.)

43 — *Marine.*

Aquarelle.

Signée en bas, à gauche.

www.ingramcontent.com/pod-product-compliance
Ingram Content Group UK Ltd.
Pitfield, Milton Keynes, MK11 3LW, UK
UKHW022141170726
13837UKWH00004B/1698

9 782329 544243